Impressum
Verlag: BABADADA GmbH, Nedderfeld 112 , 22529 Hamburg
Geschäftsführer / Verlagsleitung: Harald Hof
Druck: Books on Demand GmbH, In de Tarpen 42, 22848 Norderstedt

Imprint
Publisher: BABADADA GmbH, Nedderfeld 112 , 22529 Hamburg, Germany
Managing Director / Publishing direction: Harald Hof
Print: Books on Demand GmbH, In de Tarpen 42, 22848 Norderstedt, Germany

Szkoła

کلاس درس
Sala lekcyjna

تقسیم کردن
dzielić

186/2

حیاط مدرسه
Dziedziniec szkolny

تخته
Tablica

معلم
Nauczyciel

کاغذ
Papier

نوشتن
pisać

خودکار
Pisak

میز تحریر
Biurko

دانش آموز
Uczeń

خط کش
Liniał

کتاب
Książka

کیف مدرسه
Plecak szkolny

جامدادی
Piórnik

مداد
Ołówek

تراش
Temperówka

پاک کن
Gumka do mazania

دفتر رسم
Blok rysunkowy

طراحی

Rysunek

قلم مو

Pędzel

جعبه ی آبرنگ

Pudełko z akwarelami

قیچی

Nożyce

چسب

Klej

کتاب تمرین

Książka do ćwiczenia

تکلیف خانه

Zadanie domowe

12

رقم

Liczba

2+2

جمع کردن

dodawać

5-2

تفریق کردن

odejmować

2×2

ضرب کردن

mnożyć

محاسبه کردن

liczyć

A

حرف الفبا

Litera

**ABCDEFG
HIJKLMN
OPQRSTU
VWXYZ**

الفبا

Alfabet

hello

کلمه

Słowo

متن
....
Tekst

خواندن
....
czytać

گچ
....
Kreda

درس
....
Godzina

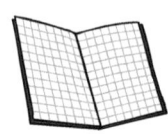

ثبت نام
....
Dziennik lekcyjny

امتحان
....
Egzamin

مدرک رسمی
....
Świadectwo

لباس مدرسه
....
Mundurek szkolny

تحصیلات
....
Wykształcenie

دانشنامه
....
Leksykon

دانشگاه
....
Uniwersytet

میکروسکوپ
....
Mikroskop

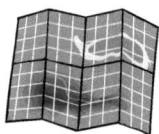

نقشه
....
Mapa

سبد کاغذ باطله
....
Kosz na odpadki

سفر
Podróż

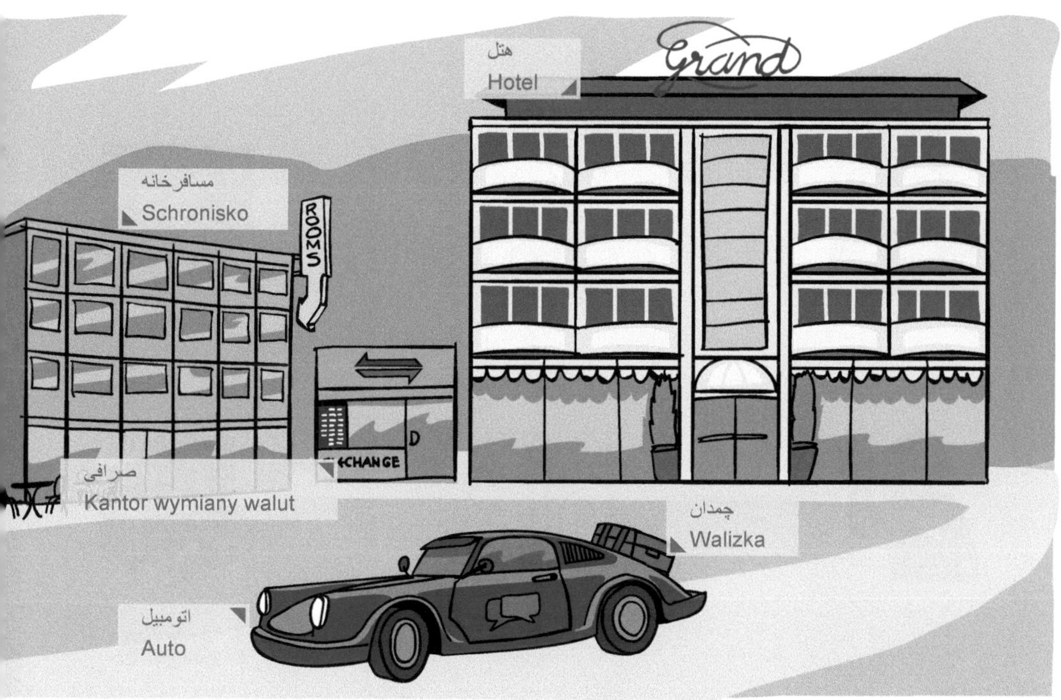

هتل
Hotel
Grand
مسافرخانه
Schronisko
ROOMS
CHANGE
صرافی
Kantor wymiany walut
چمدان
Walizka
اتومبیل
Auto

زبان

Język

بله / خیر

tak / nie

اُکی

OK

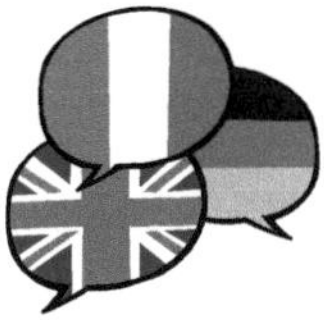

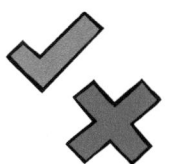

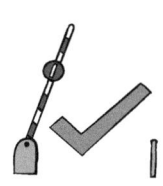

سلام

Halo

مترجم

Tłumacz

ممنون

Dziękuję

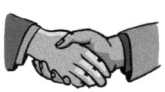

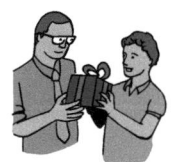

قیمت ... چه قدر است؟

Ile kosztuje ...?

من متوجه نمی شوم

Nie rozumiem

مشکل

Problem

عصر بخیر! / شب بخیر!

Dobry wieczór!

صبح بخیر!

Dzień dobry!

شب بخیر!

Dobranoc!

خدانگهدار

Do widzenia

جهت

Kierunek

بار سفر

Bagaż

کیف

Torba

کوله پشتی

Plecak

مهمان

Gość

اتاق

Pokój

کیسه خواب

Śpiwór

خیمه

Namiot

مرکز راهنمای گردشگران

Informacja turystyczna

ساحل

Plaża

کارت اعتباری

Karta kredytowa

صبحانه

Śniadanie

نهار

Obiad

شام

Kolacja

بلیط

Bilet

آسانسور

Winda

مهر

Znaczek na list

مرز

Granica

گمرک

Cło

سفارتخانه

Ambasada

ویزا

Wiza

گذرنامه

Paszport

Transport

هواپیما
Samolot

کشتی
Statek

ماشین آتش نشانی
Pojazd straży pożarnej

اتوبوس
Autobus

کامیون
Samochód ciężarowy

قایق موتوری
Łódź motorowa

دوچرخه
Rower

اتومبیل
Auto

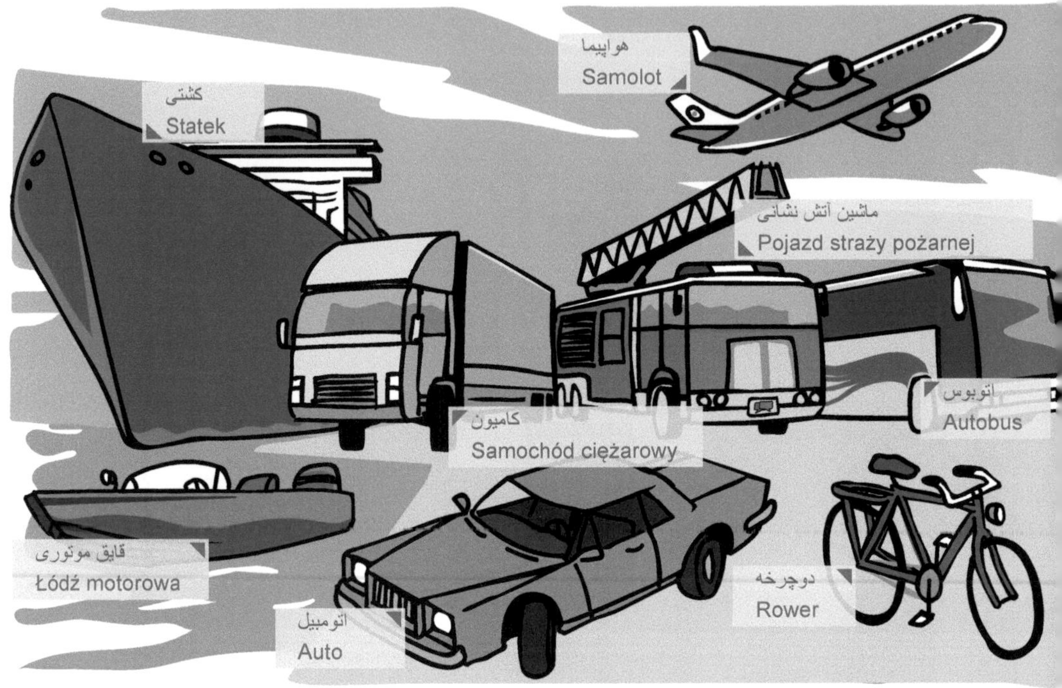

کشتی مسافربری

Prom

قایق

Łódź

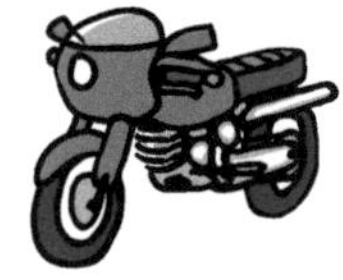

موتورسیکلت

Motocykl

ماشین پلیس

Radiowóz policyjny

ماشین مسابقه

Samochód wyścigowy

ماشین کرایه ای

Samochód wypożyczony

به اشتراک گذاری اتوموبیل

Wspólne przejazdy
samochodem

جرثقیل

Samochód pomocy
drogowej

ماشین حمل زباله

Śmieciarka

موتور

Silnik

بنزین

Benzyna

پمپ بنزین

Stacja benzynowa

تابلو راهنمایی و رانندگی

Znak drogowy

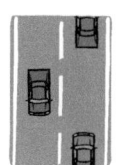

عبور و مرور

Ruch

ترافیک

Korek

پارکینگ

Parking

ایستگاه قطار

Dworzec

ریل راه آهن

Szyny

قطار

Pociąg

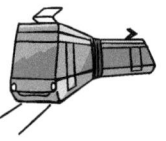

قطار برقی

Tramwaj

واگن

Wagon

هليكوپتر

Helikopter

فرودگاه

Lotnisko

برج

Wieża

مسافر

Pasażer

کانتینر

Kontener

کارتن

Karton

گاری

Taczka

سبد

Kosz

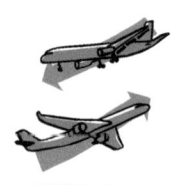

به پرواز درآمدن / فرود آمدن

startować / lądować

شهر

Miasto

دهکده

Wieś

مرکز شهر

Centrum miasta

خانه

Dom

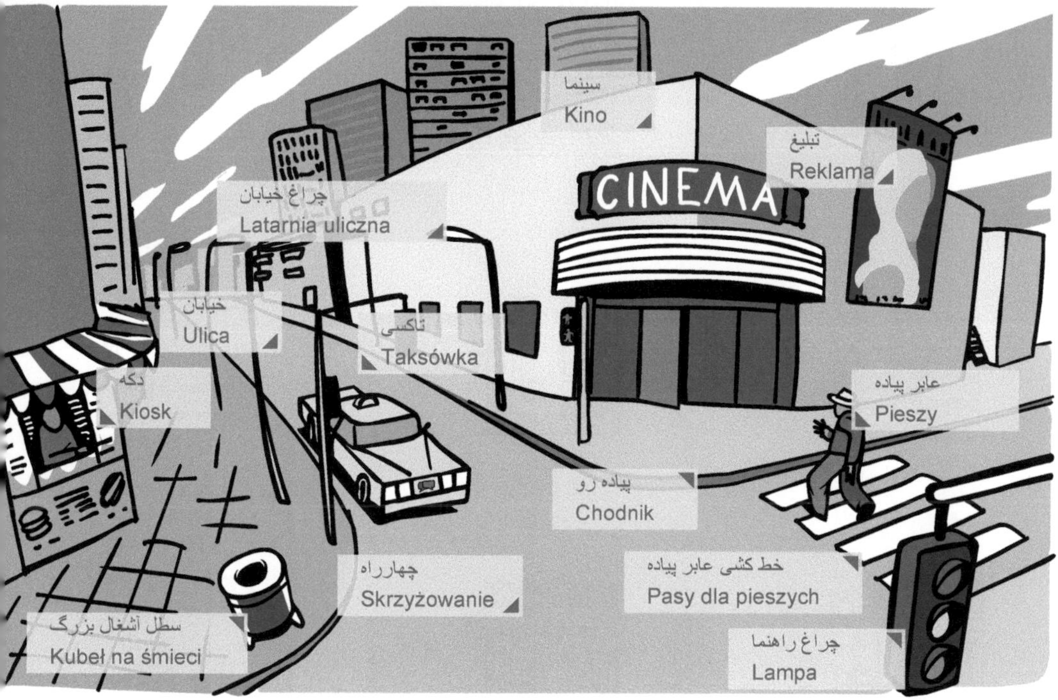

سینما
Kino

تبلیغ
Reklama

چراغ خیابان
Latarnia uliczna

خیابان
Ulica

تاکسی
Taksówka

دکه
Kiosk

عابر پیاده
Pieszy

پیاده رو
Chodnik

چهارراه
Skrzyżowanie

خط کشی عابر پیاده
Pasy dla pieszych

سطل آشغال بزرگ
Kubeł na śmieci

چراغ راهنما
Lampa

CINEMA

كلبه
Chata

آپارتمان
Mieszkanie

ایستگاه قطار
Dworzec

ساختمان شهرداری
Ratusz

موزه
Muzeum

مدرسه
Szkoła

دانشگاه

Uniwersytet

بانک

Bank

بیمارستان

Szpital

هتل

Hotel

داروخانه

Apteka

اداره

Biuro

کتابفروشی

Księgarnia

مغازه

Sklep

گل فروشی

Kwiaciarnia

سوپرمارکت

Supermarket

بازار

Rynek

فروشگاه بزرگ

Dom towarowy

ماهی فروش

Sklep z rybami

مرکز خرید

Centrum handlowe

بندر

Port

پارک

Park

نیمکت

Ławka

پل

Most

پله

Schody

مترو

Metro

تونل

Tunel

ایستگاه اتوبوس

Przystanek autobusowy

میخانه

Bar

رستوران

Restauracja

صندوق پست

Skrzynka na listy

تابلوی خیابان

Tabliczka z nazwą ulicy

دستگاه پارکومتر

Parkometr

باغ وحش

Zoo

استخر شنای عمومی

Łaźnia

مسجد

Meczet

مزرعه

Gospodarstwo chłopskie

آلودگی محیط زیست

Zanieczyszczenie środowiska

قبرستان

Cmentarz

کلیسا

Kościół

زمین بازی

Plac zabaw

معبد

Świątynia

چشم انداز

Krajobraz

برگ
Liść

تابلوی راهنمای مسیر
Drogowskaz

راه
Droga

چمنزار
Łąka

سنگ
Kamień

درخت
Drzewo

راه نَورد
Wędrowiec

رودخانه
Rzeka

چمن
Trawa

گل
Kwiat

دره
....
Dolina

تپه
....
Góra

دریاچه
....
Jezioro

جنگل
....
Las

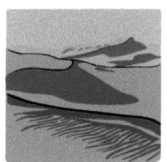

بیابان
....
Pustynia

کوه آتشفشان
....
Wulkan

قلعه
....
Zamek

رنگین کمان
....
Tęcza

قارچ
....
Grzyb

درخت نخل
....
Palma

پشه
....
Komar

مگس
....
Mucha

مورچه
....
Mrówka

زنبور
....
Pszczoła

عنکبوت
....
Pająk

سوسک

Chrząszcz

قورباغه

Żaba

سنجاب

Wiewiórka

جوجه تیغی

Jeż

خرگوش صحرایی

Zając

جغد

Sowa

پرنده

Ptak

قو

Łabędź

گراز

Dzik

گوزن نر

Jeleń

گوزن شمالی

Łoś

سد آب

Tama

توربین بادی

Wiatrak

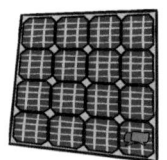

صفحه ی خورشیدی

Moduł solarny

آب و هوا

Klimat

رستوران
Restauracja

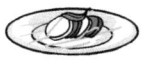

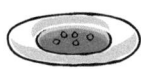

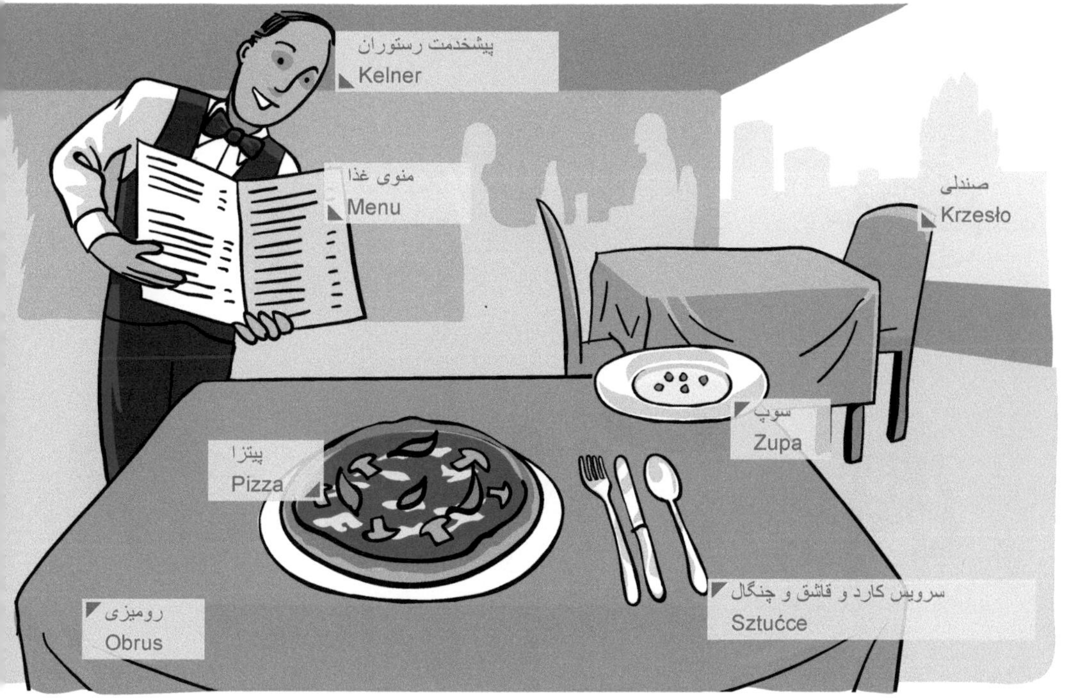

پیشخدمت رستوران
Kelner
منوی غذا
Menu
صندلی
Krzesło
سوپ
Zupa
پیتزا
Pizza
رومیزی
Obrus
سرویس کارد و قاشق و چنگال
Sztućce

پیش‌غذا

Przystawka

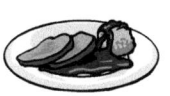

غذای اصلی

Danie główne

دسر

Deser

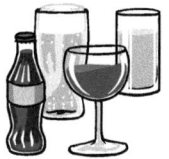

نوشیدنی ها

Napoje

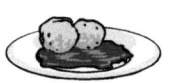

غذا

Jedzenie

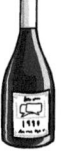

بطری

Butelka

فست فود

Fastfood

اغذیه خیابانی

Streetfood

قوری

Dzbanek na herbatę

قندان

Cukierniczka

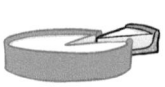

پُرس غذا

Porcja

دستگاه اسپرسو

Zaparzarka do espresso

صندلی پایه بلند غذاخوری بچه

Krzesło dla dziecka

صورتحساب

Rachunek

سینی

Taca

چاقو

Noż

چنگال

Widelec

قاشق

Łyżka

قاشق چایخوری

Łyżeczka

دستمال سفره

Serwetka

لیوان

Szklanka

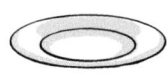

بشقاب

Talerz

بشقاب سوپخوری

Talerz do zupy

نعلبکی

Podstawek pod filiżankę

سس

Sos

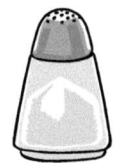

نمکدان

Solniczka

فلفل ساب

Młynek do pieprzu

سرکه

Ocet

روغن خوراکی

Olej

ادویه جات

Przyprawy

سس کچاپ

Keczup

سس خردل

Musztarda

سس مایونز

Majonez

سوپرمارکت

Supermarket

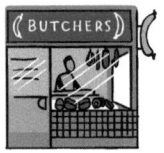

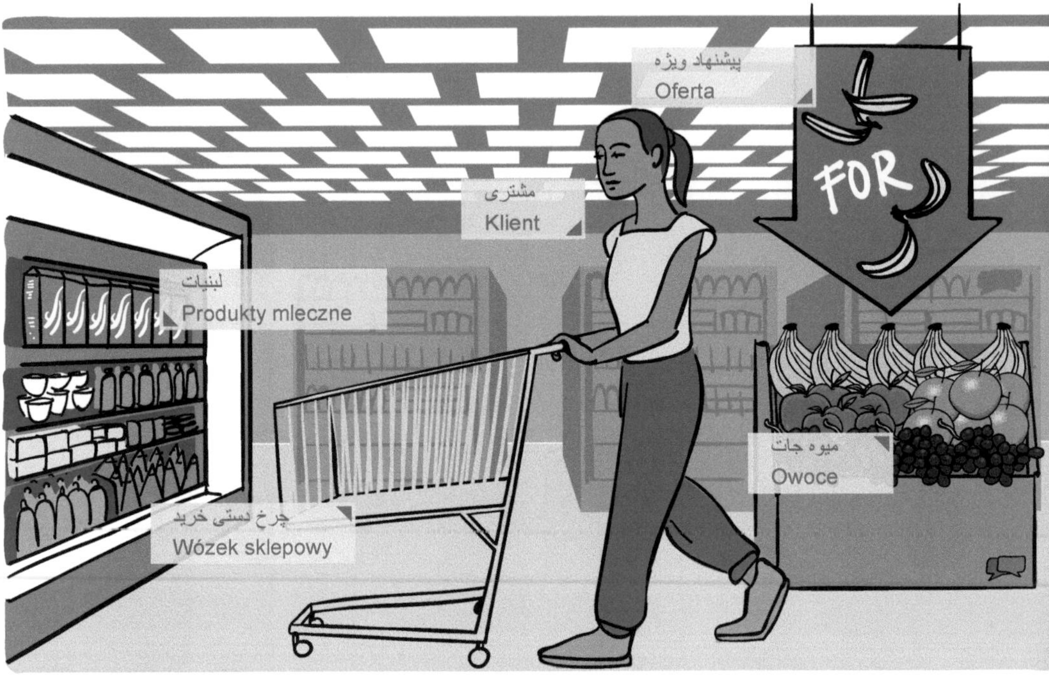
پیشنهاد ویژه
Oferta
FOR
مشتری
Klient
لبنیات
Produkty mleczne
میوه جات
Owoce
چرخ دستی خرید
Wózek sklepowy

BUTCHERS

قصابی

Rzeźnia

BAKERY

نانوایی

Piekarnia

وزن کردن

ważyć

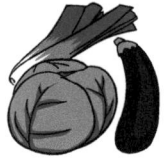

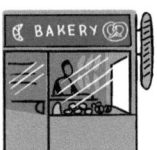

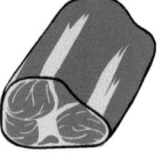

سبزیجات

Warzywa

گوشت

Mięso

غذای منجمد

Mrożonki

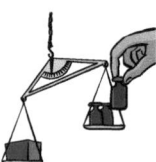

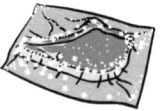

مخلوطی از انواع کالباس یا پنیر که ورقه ای بریده شده باشند

Wędliny

غذای کنسروی

Konserwy

پودر لباسشویی

Proszek m do prania

شیرینی جات

Słodycze

لوازم خانگی

Artykuły użytku domowego

ماده شوینده و پاک کننده

Środek czyszczący

فروشنده

Sprzedawczyni

صندوق پرداخت

Kasa

صندوقدار

Kasjer

لیست خرید

Lista zakupów

ساعات کار

Godziny otwarcia

کیف پول

Portfel

کارت اعتباری

Karta kredytowa

کیف

Torba

کیسه ی پلاستیکی

Torebka plastikowa

Napoje

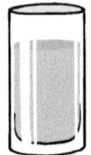

آب
....
Woda

آبمیوه
....
Sok

شیر
....
Mleko

نوشابه کوکاکولا
....
Cola

شراب
....
Wino

آبجو
....
Piwo

الکل
....
Alkohol

کاکائو
....
Kakao

چای
....
Herbata

قهوه
....
Kawa

قهوه اسپرسو
....
Espresso

کاپوچینو
....
Cappuccino

موز

Banan

سیب

Jabłko

پرتقال

Pomarańcza

انواع هندوانه و خربزه

Arbuz

لیمو

Cytryna

هویج

Marchew

سیر

Czosnek

نی بأمبو

Bambus

پیاز

Cebula

قارچ

Grzyb

آجیل

Orzechy

ماکارونی

Makaron

اسپاگتی

Spaghetti

برنج

Ryż

سالاد

Sałatka

سیب زمینی سرخ کرده

Frytki

سیب زمینی سرخ شده

Ziemniaki pieczone

پیتزا

Pizza

همبرگر

Hamburger

ساندویچ

Kanapka

شنیتسل

Sznycel

ژامبون خوک

Szynka

سالامی

Salami

سوسیس

Kiełbasa

مرغ

Kura

نوعی گوشت سرخ شده

Pieczeń

ماهی

Ryba

غذا - Jedzenie

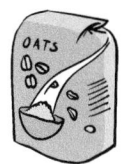

جوی پرک شده

Płatki owsiane

نوعی صبحانه مخلوطی از برگه ذرت و
میوه های خشک شده و خشکبار که
معمولا با شیر خورده می شود

Musli

کورن فلکس

Płatki kukurydziane

آرد

Mąka

کرواسان

Croissant

نان بروتشن

Bułka

نان

Chleb

نان تست

Toast

بیسکویت

Ciastka

گره

Masło

کشک

Twarożek

کیک

Ciasto

تخم مرغ

Jajko

تخم مرغ نیمرو

Jajko sadzone

پنیر

Ser

بستَنی

Lody

شکر

Cukier

عسل

Miód

مربا

Marmolada

کرم شکلاتی بادامی

Krem nugatowy

ادویه کاری

Curry

مزرعه
Gospodarstwo chłopskie

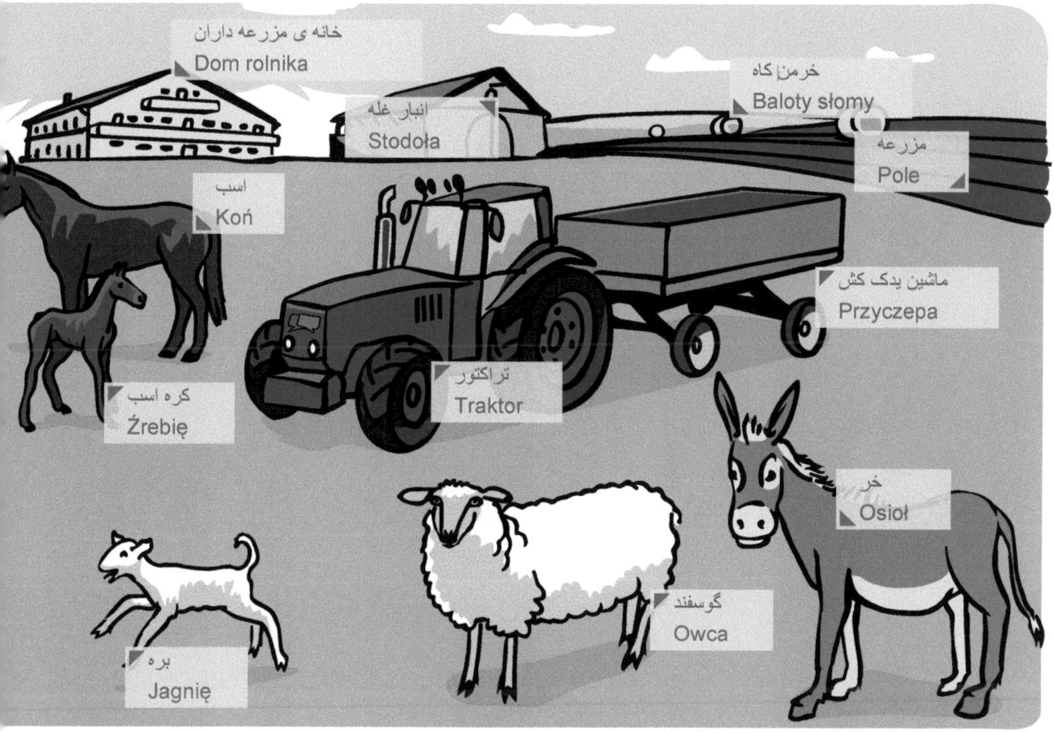
خانه ی مزرعه داران
Dom rolnika
انبار غله
Stodoła
خرمن گاه
Baloty słomy
مزرعه
Pole
اسب
Koń
ماشین یدک کش
Przyczepa
کره اسب
Źrebię
تراکتور
Traktor
خر
Osioł
گوسفند
Owca
بره
Jagnię

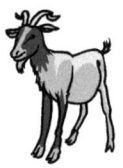

بز

Koza

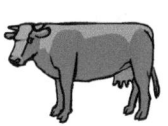

گاو ماده

Krowa

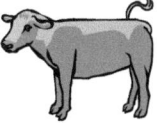

گوساله

Cielę

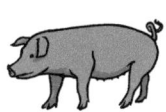

خوک

Świnia

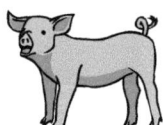

بچه خوک

Prosię

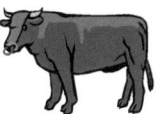

گاو نر

Byk

غاز
....
Gęś

اردک
....
Kaczka

جوجه
....
Kurczątko

مرغ
....
Kura

خروس
....
Kogut

موش صحرایی
....
Szczur

گربه
....
Kot

موش
....
Mysz

گاو نر اخته
....
Osioł

سگ
....
Pies

لانه ی سگ
....
Buda dla psa

شلنگ باغبانی
....
Wąż ogrodowy

آبپاش
....
Konewka

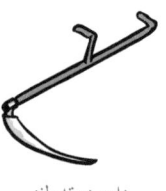

داس دسته بلند
....
Kosa

گاوآهن
....
Pług

داس

Sierp

کج بیل

Graca

چنگک باغبانی

Widły

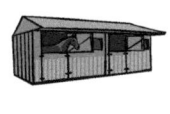

تبر

Siekiera

فرقون

Taczka

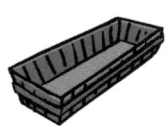

آبشخور

Koryto

بطری نگهداری شیر

Kanka na mleko

کیسه

Worek

حصار

Płot

اصطبل

Stajnia

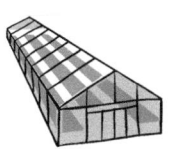

گلخانه

Szklarnia

خاک

Ziemia

بذر

Nasiona

کود

Nawóz

ماشین کمباین

Kombajn zbożowy

برداشت کردن محصول

zbierać

محصول

Żniwa

تمیس

Podchrzyn

گندم

Pszenica

سویا

Soja

سیب زمینی

Ziemniak

ذرت

Kukurydza

کلزا

Rzepak

درخت میوه

Drzewo owocowe

گیاه مانیوک

Maniok

غلات

Zboże

خانه
Dom

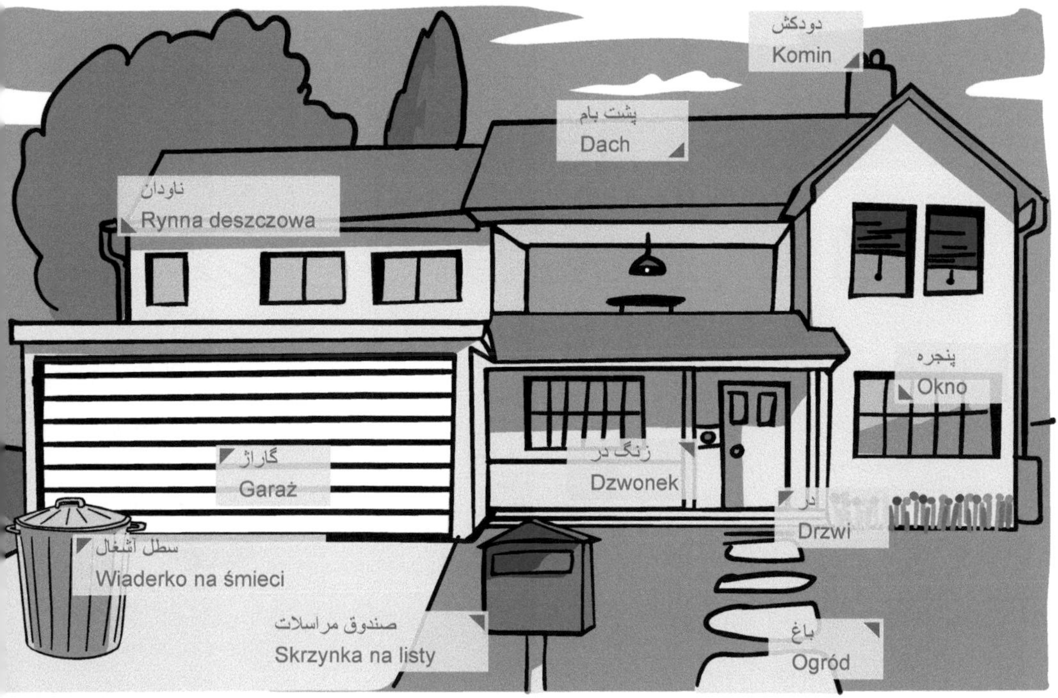
دودکش
Komin
پشت بام
Dach
ناودان
Rynna deszczowa
پنجره
Okno
زنگ در
Dzwonek
گاراژ
Garaż
در
Drzwi
سطل آشغال
Wiaderko na śmieci
صندوق مراسلات
Skrzynka na listy
باغ
Ogród

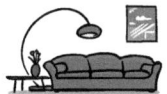

اتاق نشیمن
Pokój dzienny

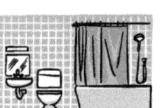

حمام
Łazienka

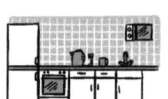

آشپزخانه
Kuchnia

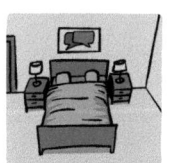

اتاق خواب
Sypialnia

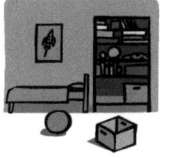

اتاق بچه
Pokój dziecięcy

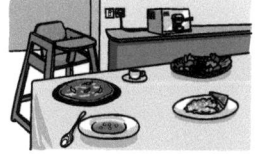

ناهارخوری
Jadalnia

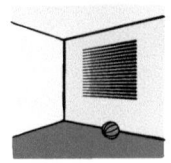

كف زمين

Ziemia

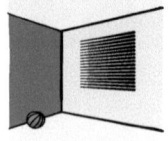

ديوار

Ściana

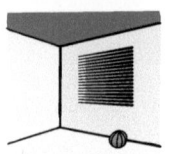

سقف

Koc

زيرزمين

Piwnica

سونا

Sauna

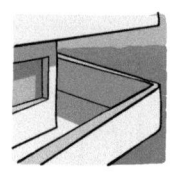

بالكن

Balkon

تراس

Taras

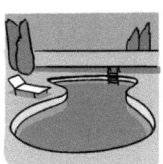

استخر

Basen

ماشين چمنزنى

Kosiarka do trawy

ملافه

Poszwa

روتختى

Kołdra

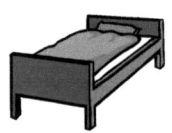

تخت خواب

Łóżko

جارو

Miotła

سطل

Wiadro

سويچ يا كليد

Włącznik

كاغذ ديوارى
Tapeta

عكس
Obraz

لامپ
Lampa

قفسه
Regał

كابينت
Szafa

شومينه
Komin

تلويزيون
Telewizor

گل
Kwiat

كوسن
Poduszka

كاناپه
Kanapa

گلدان
Wazon

كنترل تلويزيون و ويدئو و غيره
Pilot

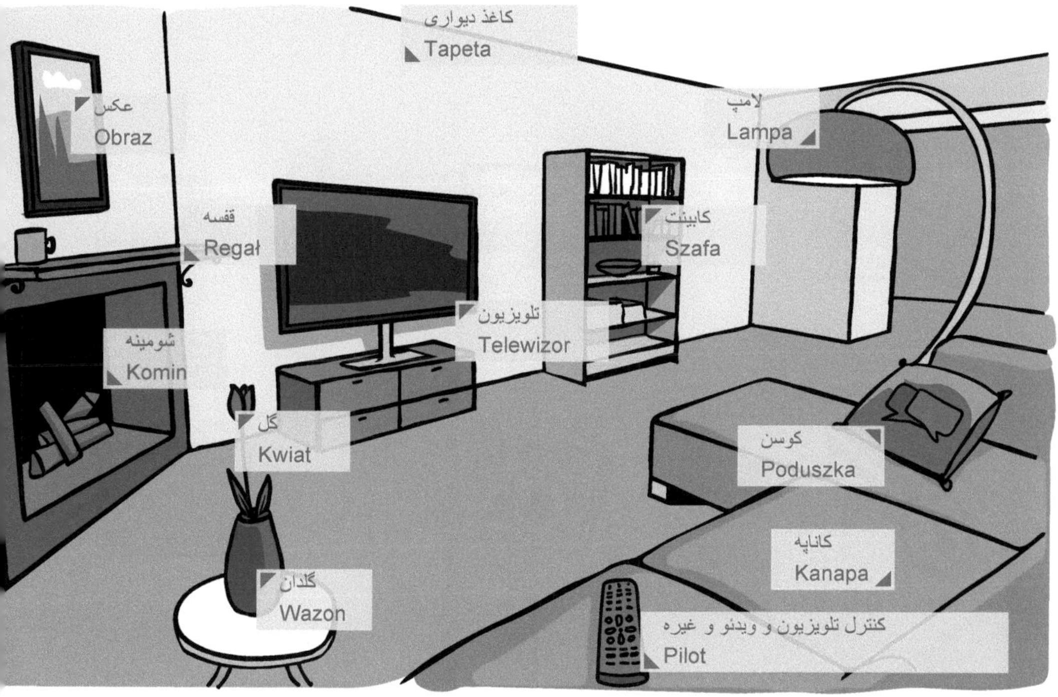

فرش
Dywan

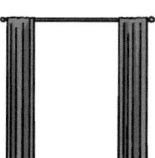

پرده
Zasłona

ميز
Stół

صندلى
Krzesło

صندلى گهواره ايى
Bujak

صندلى راحتى
Fotel

كتاب

Książka

لحاف

Sufit

دكوراسيون

Dekoracja

هيزم

Drewno kominkowe

فيلم

Film

دستگاه ضبط صوت

Instalacja stereo

كليد

Klucz

روزنامه

Gazeta

تابلو نقاشى

Malunek

پوستر

Plakat

راديو

Radio

دفترچه يادداشت

Notatnik

جاروبرقى

Odkurzacz

كاكتوس

Kaktus

شمع

Świeczka

آشپزخانه
Kuchnia

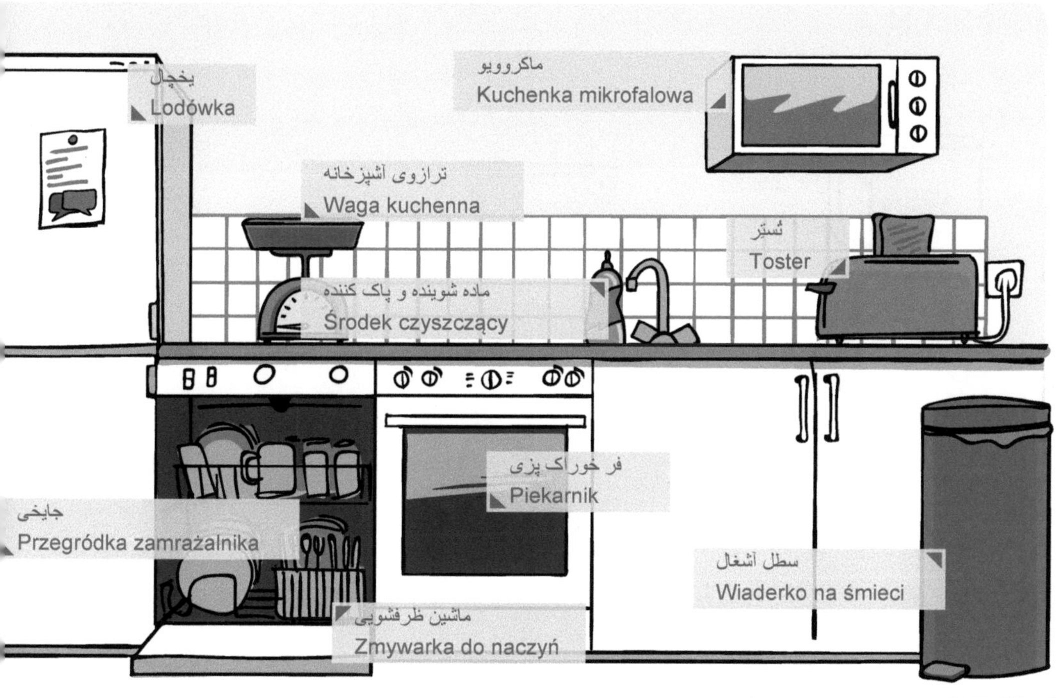
یخچال
Lodówka
ماکروویو
Kuchenka mikrofalowa
ترازوی آشپزخانه
Waga kuchenna
تُستر
Toster
ماده شوینده و پاک کننده
Środek czyszczący
فر خوراک پزی
Piekarnik
جایخی
Przegródka zamrażalnika
سطل آشغال
Wiaderko na śmieci
ماشین ظرفشویی
Zmywarka do naczyń

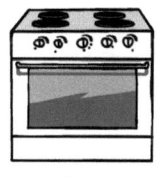

اجاق گاز

Kuchenka

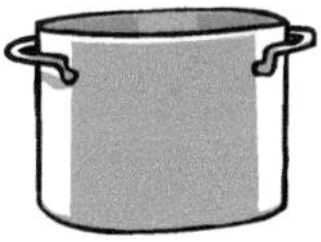

قابلمه

Garnek

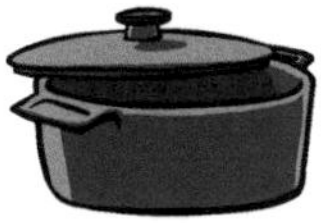

قابلمه چدنی

Kocioł żeliwny

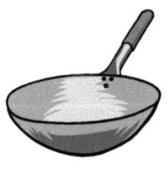

ماهی تابه گود

Wok / Kadai

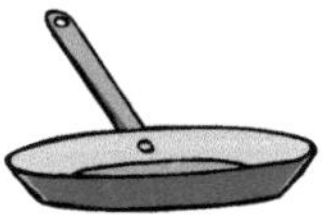

ماهی تابه

Patelnia

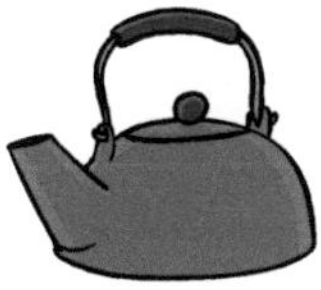

کتری

Czajnik

بخارپز

Parowar

سینی فر

Blacha do pieczenia

ظرف چینی آشپزخانه

Naczynia kuchenne

لیوان

Kubek

کاسه

Miska

چاپستیک

Pałeczki

ملاقه

Nabierka

کفگیر

Łopatka do smażenia

همزن

Trzepaczka do śmietany

آبکش

Cedzak

آبکش

Sitko

رنده

Tarka

هاون

Moździerz

باربیکیو

Grillowanie

محل مخصوص افروختن آتش

Palenisko

تخته گوشت و سبزی

Deska

وردنه

Wałek do ciasta

در بطری بازکن

Korkociąg

قوطی

Puszka

در قوطی بازکن

Otwieracz do puszek

دستگیره پارچه ای

Ściereczka do trzymania garnka

سینک ظرفشویی

Umywalka

برس گردگیری

Szczotka

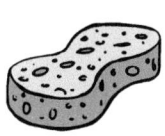

اسفنج

Gąbka

مخلوط کن

Mikser

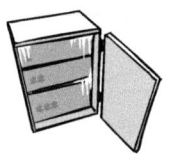

فریزر

Zamrażarka

شیشه شیر بچه

Butelka dla niemowlęcia

شیر آب

Kran

Łazienka

بخاری
Ogrzewanie

حوله
Ręcznik

دوش
Prysznic

پرده ی حمام
Kotara prysznicowa

حمام کف
Płyn do kąpieli

وان حمام
Wanna kąpielowa

ماشین لباسشویی
Pralka

کاشی،
Kafelki

لیوان
Szklanka

شیر آب
Kran

لگن دستشویی کودکان
Nocnik

سینک ظرفشویی
Umywalka

توالت

Toaleta

توالت ایرانی

Toaleta kuczna

کاسه توالت

Bidet

توالت مخصوص آقایان

Pisuar

دستمال توالت

Papier toaletowy

فرچه توالت

Szczotka toaletowa

مسواک

Szczoteczka do zębów

خمیردندان

Pasta do zębów

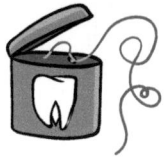

نخ دندان

Nitki do czyszczenia zębów

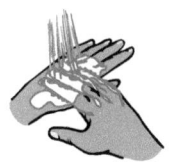

شستن

myć

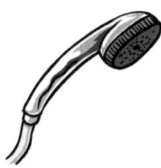

دوش آب تلفنی

Głowica prysznicowa

شلنگ توالت

Płyn kąpielowy do higieny intymnej

لگن روشویی

Miska do mycia

برس شست و شوی پشت

Szczotka kąpielowa

صابون

Mydło

شامپو بدن

Żel prysznicowy

شامپو

Szampon

لیف حمام

Rękawica kąpielowa

راه آب

Odpływ

کرم

Krem

اسپری دئودورانت

Dezodorant

آیینه

Lustro

آیینه ی کوچک دستی

Lustro kosmetyczne

تیغ ریش تراشی

Golarka

کف ریش تراشی

Pianka do golenia

أفترشیو

Woda po goleniu

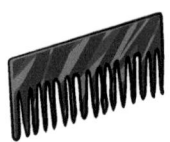

شانه ی سر

Grzebień

برس

Szczotka

سشوار

Suszarka do włosów

أسپری مو

Spray do włosów

آرایش

Makijaż

رژلب

Pomadka

لاک ناخن

Lakier do paznokci

پنبه

Wata

قیچی ناخن

Nożyczki do paznokci

عطر

Perfum

کیف لوازم آرایشی و بهداشتی

Kosmetyczka

چهارپایه

Taboret

ترازو

Waga

حوله ی پالتویی

Szlafrok kąpielowy

دستکش ظرفشویی

Rękawice gumowe

تامپون

Tampon

نوار بهداشتی

Podpaska damska

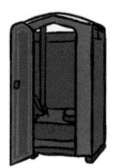

توالت سیار

Toaleta chemiczna

اتاق بچه
Pokój dziecięcy

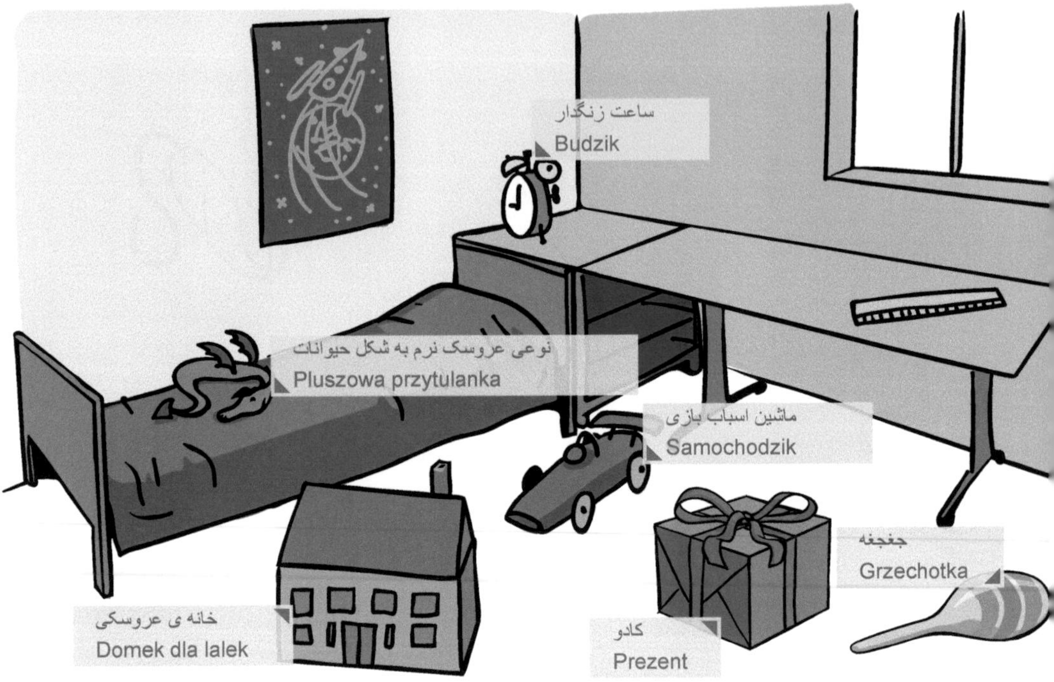
ساعت زنگدار
Budzik
نوعی عروسک نرم به شکل حیوانات
Pluszowa przytulanka
ماشین اسباب بازی
Samochodzik
جغجغه
Grzechotka
خانه ی عروسکی
Domek dla lalek
کادو
Prezent

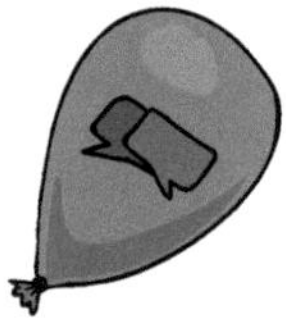

بادکنک
....
Balon

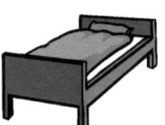

تخت خواب
....
Łóżko

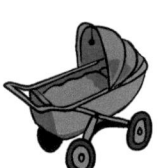

کالسکه بچه
....
Wózek dziecięcy

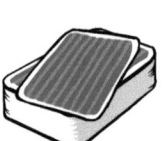

بازی ورق
....
Gra w karty

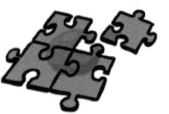

پازل
....
Puzzle

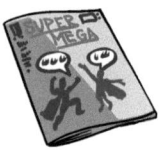

داستان مصور
....
Komiks

اسباب بازی لگو

Klocki lego

خانه سازی

Klocki

عروسک شخصیت های فیلم و کارتون

Action figura

لباس نوزاد

Śpioszek dziecięcy

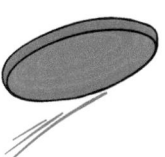

فریزبی

Frisbee

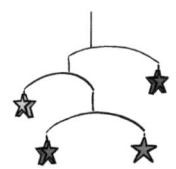

نوعی اسباب بازی که روی تخت نوزاد
یا کودک نصب می شود

Zabawki ruchome

بازی روی صفحه

Gra planszowa

تاس

Kości

قطار اسباب بازی

Kolejka elektryczna

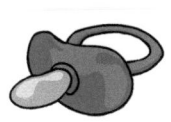

پستانک

Smoczek

مهمانی

Przyjęcie

كتاب مصور

Książka z ilustracjami

توپ

Piłka

عروسک

Lalka

بازی کردن

bawić się

جعبه شنی مخصوص بازی کودکان

Piaskownica

تاب

Huśtawka

اسباب بازی

Zabawki

کنسول بازی های کامپیوتری

Konsola do gier

سه چرخه

Rowerek trójkołowy

خرس عروسکی

Pluszowy miś

کمد لباس

Szafa ubraniowa

جوراب

Skarpety

جوراب زنانه ساق بلند

Pończochy

جوراب شلواری

Rajstopy

شال
Szal

چتر
Parasol

تی شرت
T-Shirt

کمربند
Pasek

کفش ورزشی کتانی
Obuwie sportowe

پوتین
Kozaki

دمپایی
Pantofle domowe

صندل
Sandały

کفش
Buty

چکمه پلاستیکی
Kalosze

شرت
Majtki

سوتین
Biustonosz

جلیقه
Podkoszulek

بادی

Body

شلوار

Spodnie

جین

Dżins

دامن

Spódnica

بلوز

Bluzka

پیراهن

Koszula

پولیور

Pulower

سویی شرت

Bluza sportowa

نوعی کت

Marynarka

ژاکت

Kurtka

کت بلند

Płaszcz

بارانی

Płaszcz przeciwdeszczowy

لباس نمایش

Kostium

لباس

Sukienka

لباس عروس

Suknia ślubna

کت و شلوار

Garnitur męski

لباس خواب زنانه

Koszula nocna

پیژامه

Piżama

ساری

Sari

روسری

Chusta na głowę

عمامه

Turban

برقع

Burka

قبا

Kaftan

عبا

Abaya

لباس شنا

Strój kąpielowy

شرت شنا

Kąpielówki

شلوارک

Krótkie spodnie

لباس ورزشی

Dres sportowy

پیشبند

Fartuch

دستکش

Rękawiczki

دکمه
Guzik

عینک
Okulary

دستبند
Bransoletka

گردنبند
Łańcuszek

انگشتر
Pierścionek

گوشواره
Kolczyk

کلاه لبه دار
Czapka

چوب لباسی
Wieszak

کلاه
Kapelusz

کراوات
Krawat

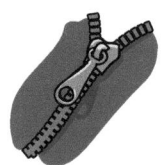

زیپ
Zamek błyskawiczny

کلاه ایمنی
Kask

بند شلوار
Szelki

لباس مدرسه
Mundurek szkolny

لباس فرم
Mundur

پیش بند بچه

Śliniaczek

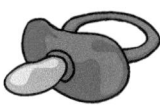

پستانک

Smoczek

پوشک بچه

Pieluszka

اداره

Biuro

سرور
Serwer

کمد نگهداری پرونده
Szafa na akta

چاپگر
Drukarka

مانیتور
Monitor

کاغذ
Papier

میز تحریر
Biurko

ماوس
Mysz

زونکن
Segregator

صفحه کلید
Klawiatura

سبد کاغذ باطله
Kosz na odpadki

کامپیوتر
Komputer

صندلی
Krzesło

لیوان قهوه

Filiżanka do kawy

ماشین حساب

Kalkulator

اینترنت

Internet

لپ تاپ

Laptop

نامه

List

پیغام

Wiadomość

تلفن همراه

Komórka

شبکه ی ارتباطی

Sieć

دستگاه فتوکپی

Kopiarka

نرم افزار

Oprogramowanie

تلفن

Telefon

پریز

Gniazdko

دستگاه فاکس

Faks

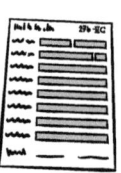

فرم

Formularz

مدرک

Dokument

خریدن

kupić

پرداخت کردن

płacić

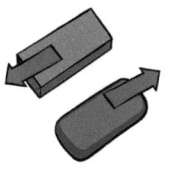

تجارت کردن

postępować

پول

Pieniądze

دلار

Dolar

یورو

Euro

ین

Jen

روبل

Rubel

فرانک سوئیس

Frank

یوان رنمینبی

Juan Renminbi

روپیه

Rupia

دستگاه خودپرداز

Bankomat

صرافی

Kantor wymiany walut

طلا

Złoto

نقره

Srebro

نفت

Olej

انرژی

Energia

قیمت

Cena

قرارداد

Umowa

مالیات

Podatek

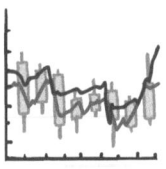

سهام سرمایه

Akcja

کار کردن

pracować

کارمند

Pracownik umysłowy

کارفرما

Pracodawca

کارخانه

Fabryka

مغازه

Sklep

مشاغل
Zawody

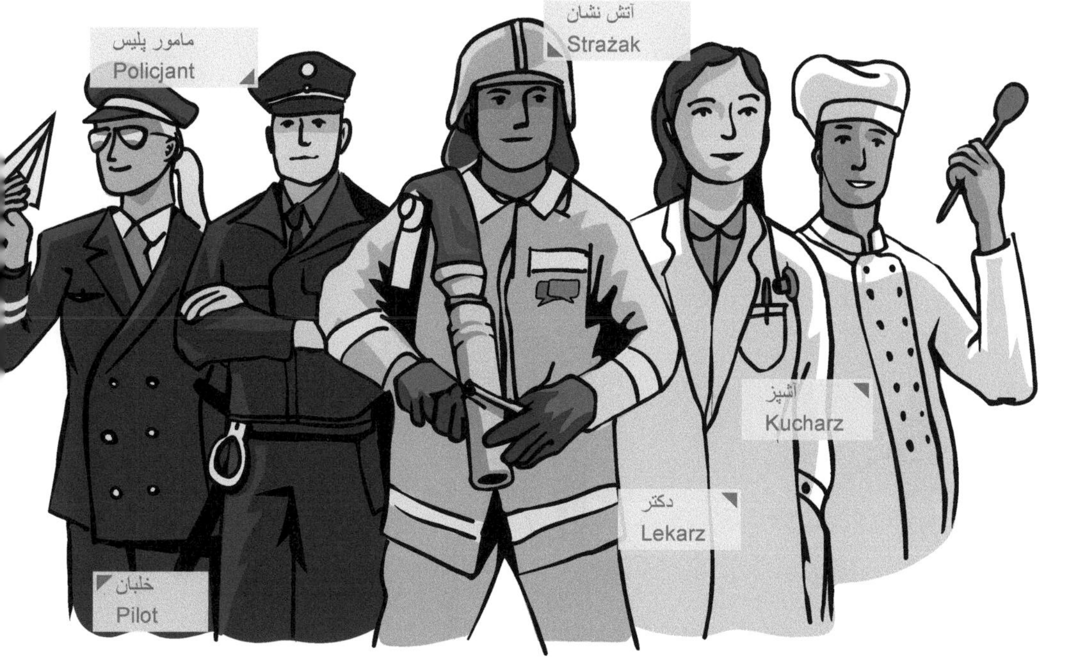

مامور پلیس
Policjant
آتش نشان
Strażak
آشپز
Kucharz
دکتر
Lekarz
خلبان
Pilot

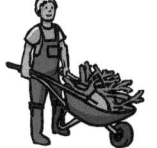

باغبان

Ogrodnik

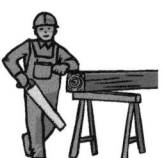

نجار

Stolarz

خیاط زنانه

Krawcowa

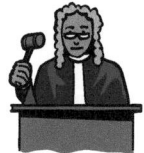

قاضی

Sędzia

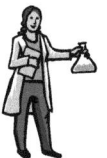

شیمیدان

Chemik

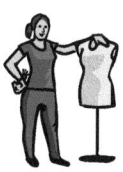

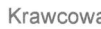

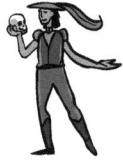

بازیگر

Aktor

راننده اتوبوس

Kierowca autobusu

راننده تاکسی

Taksówkarz

ماهیگیر

Fischer

نظافتچی زن

Sprzątaczka

سقف ساز

Dekarz

پیشخدمت رستوران

Kelner

شکارچی

Myśliwy

نقاش

Malarz

نانوا

Piekarz

برقکار

Elektryk

کارگر ساختمانی

Robotnik budowlany

مهندس

Inżynier

قصاب

Rzeźnik

لوله کش

Instalator

پستچی

Listonosz

سرباز

Żołnierz

معمار

Architekt

صندوقدار

Kasjer

گل فروش

Florysta

آرایشگر

Fryzjer

مامور کنترل بلیط در قطار

Konduktor

مکانیک

Mechanik

ناخدا

Kapitan

دندانپزشک

Dentysta

دانشمند

Naukowiec

عالم یهودی

Rabin

امام

Imam

راهب

Mnich

کشیش

Proboszcz

ابزارآلات

Narzędzia

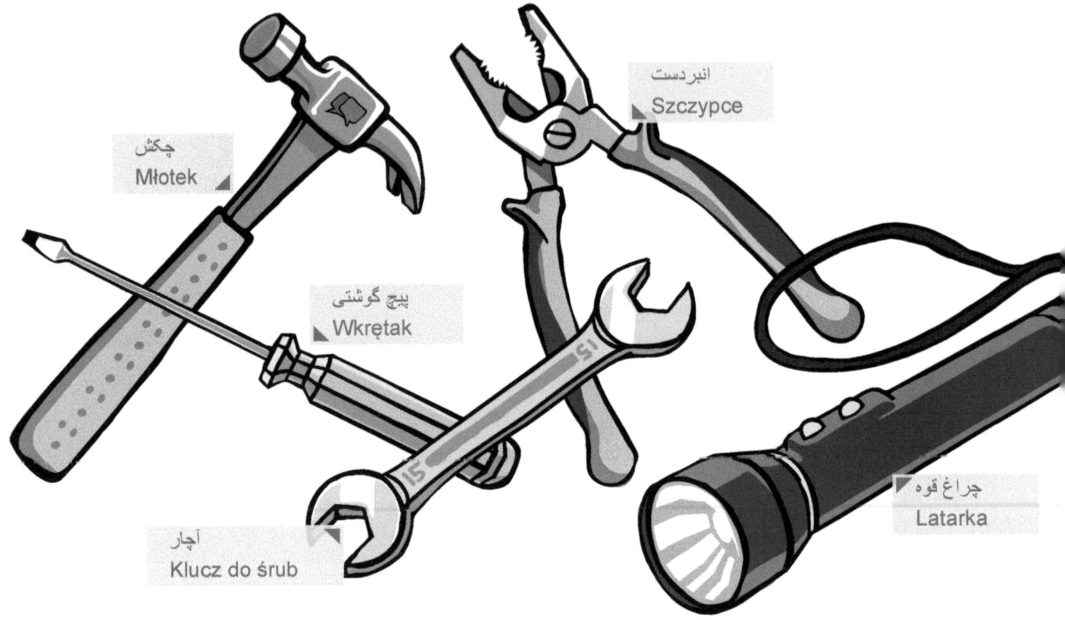
چکش
Młotek
انبردست
Szczypce
پیچ گوشتی
Wkrętak
آچار
Klucz do śrub
چراغ قوه
Latarka

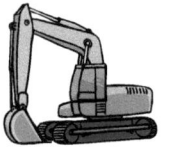

بیل مکانیکی

Koparka

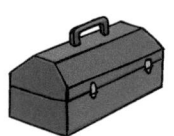

جعبه ابزار

Skrzynka narzędziowa

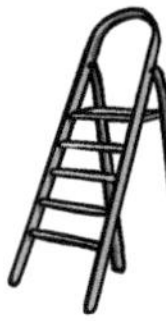

نردبان

Drabina

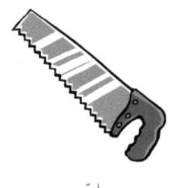

ارّه

Piła

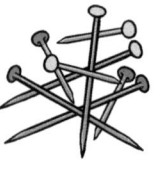

میخ

Gwoździe

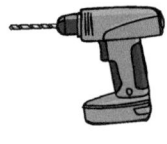

مته

Wiertło

تعمیر کردن

naprawić

بیل

Łopatka

لعنتی!

Cholera!

خاک انداز

Szufelka

سطل رنگ‌زری

Puszka z farbą

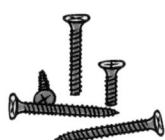

پیچ

Śruby

آلات موسیقی

Instrumenty muzyczne

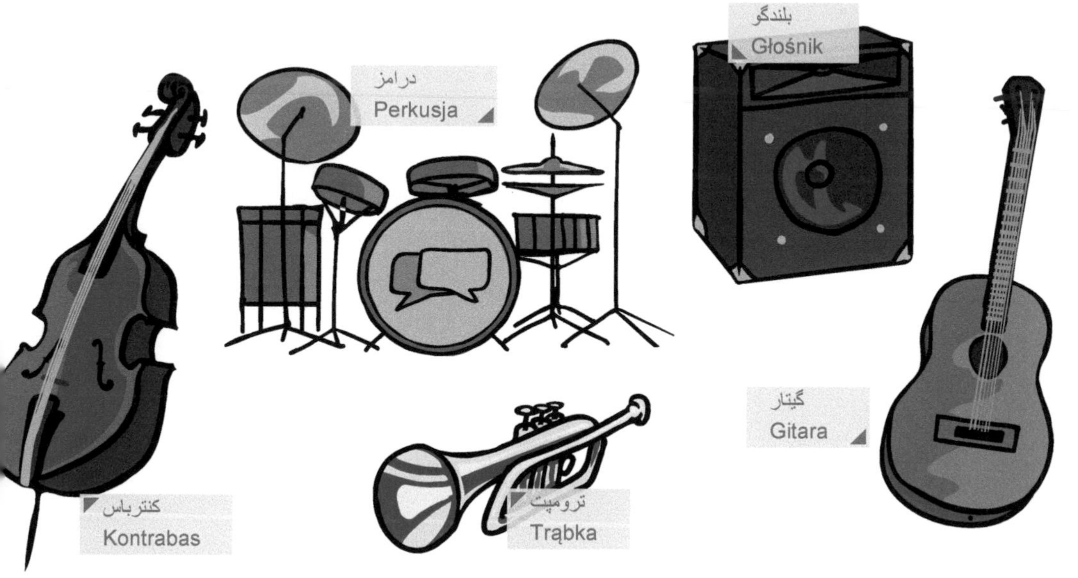

درامز
Perkusja

بلندگو
Głośnik

گیتار
Gitara

کنترباس
Kontrabas

ترومپت
Trąbka

پیانو

Pianino

ویولن

Skrzypce

گیتار بیس

Bas

تیمپانی

Kotły

طبل

Bęben

کیبورد الکتریک

Keyboard

ساکسیفون

Saksofon

فلوت

Flet

میکروفون

Mikrofon

آلات موسیقی - Instrumenty muzyczne

باغ وحش
Zoo

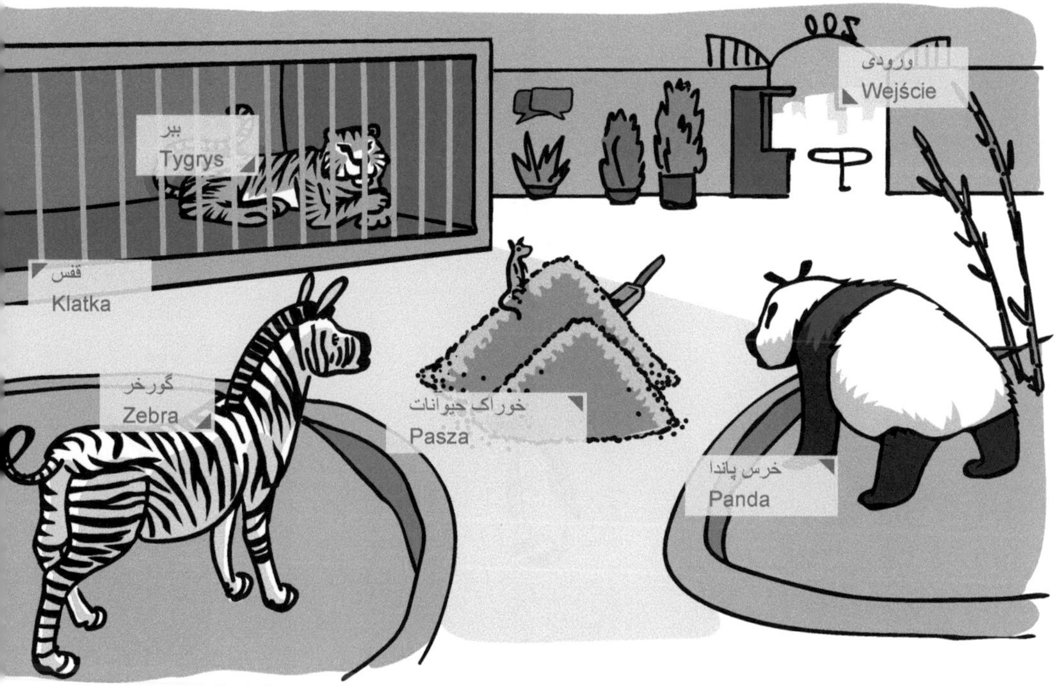

ZOO
ورودی
Wejście
ببر
Tygrys
قفس
Klatka
گورخر
Zebra
خوراک حیوانات
Pasza
خرس پاندا
Panda

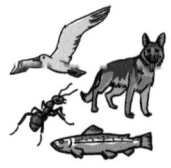

حیوانات

Zwierzęta

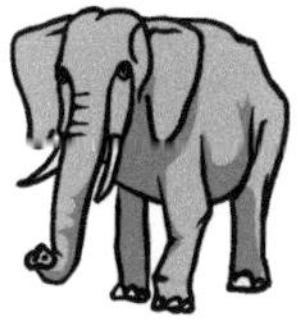

فیل

Słoń

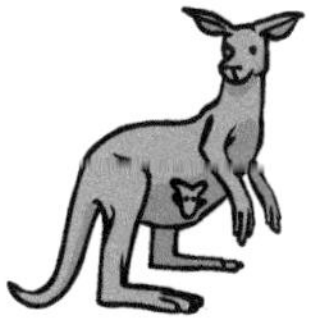

کانگورو

Kangur

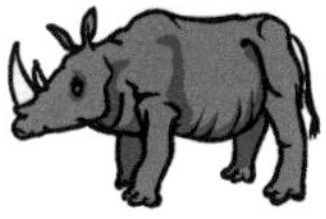

کرگدن

Nosorożec

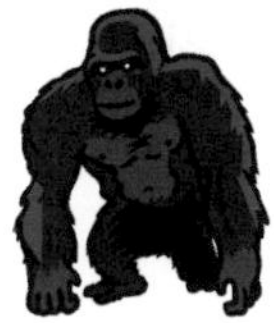

گوریل

Goryl

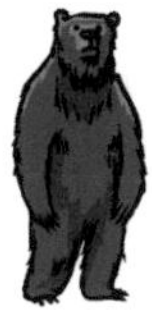

خرس

Niedźwiedź

شُتُر

Wielbłąd

شُترمرغ

Struś

شیر

Lew

میمون

Małpa

فلامینگو

Fleming

طوطی

Papuga

خرس قطبی

Niedźwiedź polarny

پنگوئن

Pingwin

کوسه

Rekin

طاووس

Paw

مار

Wąż

تمساح

Krokodyl

نگهبان باغ وحش

Dozorca w zoo

خوک آبی

Foka

پلنگ امریکایی

Jaguar

اسب کوچک

Kucyk

پلنگ

Gepard

اسب آبی

Hipopotam

زرافه

Żyrafa

عقاب

Orzeł

گراز

Dzik

ماهی

Ryba

لاک پشت

Żółw

شیرماهی

Mors

روباه

Lis

غزال

Gazela

فوتبال آمریکایی
Futbol amerykański

دوچرخه سواری
Kolarstwo

تنیس
Tenis

بسکتبال
Koszykówka

شنا
Pływanie

هاکی روی یخ
Hokej na lodzie

بوکس
Boks

فوتبال
Piłka nożna

بدمینتون
Badminton

دوومیدانی
Lekka atletyka

هندبال
Piłka ręczna

اسکی
Narciarstwo

پولو
Polo

فعالیت ها
Działania

خندیدن
śmiać się
پریدن
skakać
بغل کردن
objąć
راه رفتن
iść
آواز خواندن
śpiewać
رؤیا دیدن
marzyć
دعا کردن
modlić się
بوسیدن
całować

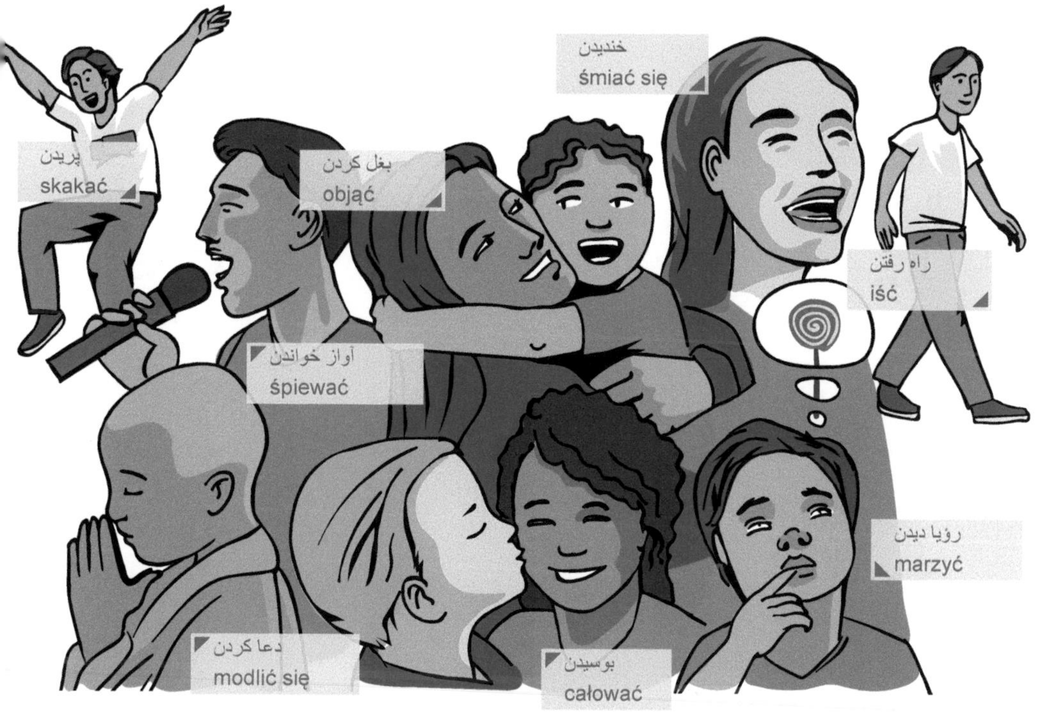

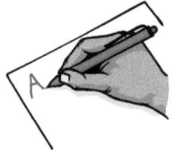

نوشتن
pisać

رسم کردن
rysować

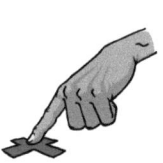

نشان دادن
pokazywać

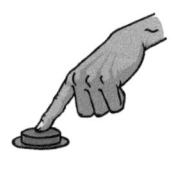

هل دادن
nacisnąć

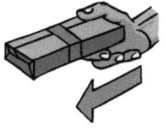

دادن
dać

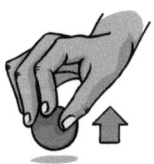

برداشتن
wziąć

داشتن

mieć

انجام دادن

robić

بودن

być

ایستادن

stać

دویدن

biegać

کشیدن

ciągnąć

پرتاب کردن

rzucać

افتادن

spaść

دراز کشیدن

leżeć

منتظر بودن

czekać

حمل کردن

nosić

نشستن

siedzieć

لباس پوشیدن

zakładać

خوابیدن

spać

بیدار شدن

budzić się

تماشا کردن

spojrzeć

گریه کردن

płakać

نوازش کردن

głaskać

شانه کردن

czesać się

حرف زدن

mówić

فهمیدن

rozumieć

پرسیدن

pytać

شنیدن

słyszeć

آشامیدن

pić

خوردن

jeść

مرتب کردن

sprzątać

عاشق بودن

kochać

پختن

gotować

رانندگی کردن

jechać

پرواز کردن

latać

قایقرانی کردن

żeglować

محاسبه کردن

liczyć

خواندن

czytać

یاد گرفتن

uczyć się

کار کردن

pracować

ازدواج کردن

wejść w związek małżeński

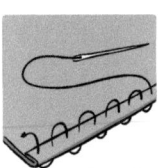

دوختن

szyć

مسواک زدن

myć zęby

کشتن

zabić

سیگار کشیدن

palić tytoń

فرستادن

wysłać

خانواده
Rodzina

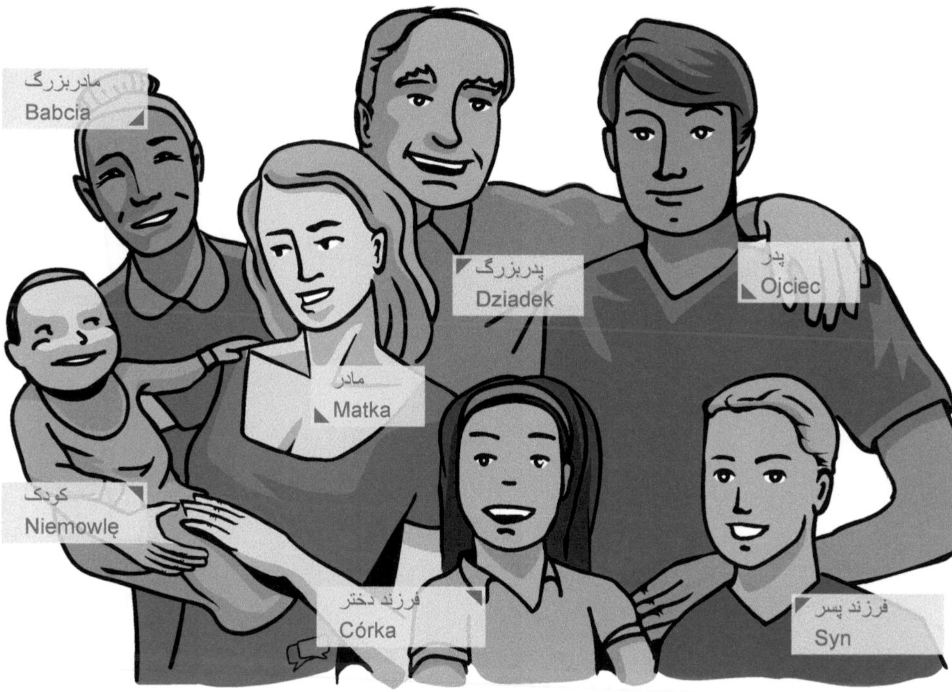
مادربزرگ
Babcia
پدربزرگ
Dziadek
پدر
Ojciec
مادر
Matka
کودک
Niemowlę
فرزند دختر
Córka
فرزند پسر
Syn

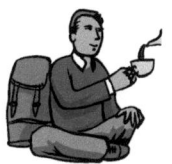

مهمان

Gość

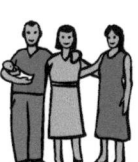

خاله، عمه

Ciotka

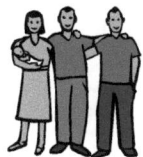

دایی، عمو

Wujek

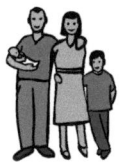

برادر

Brat

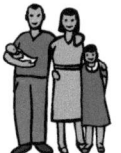

خواهر

Siostra

بدن
Ciało

پیشانی
Czoło
چشم
Oko
شانه
Ramię
انگشت دست
Palec
صورت
Twarz
چانه
Broda
دست
Ręka
ساق پا
Noga
سینه
Pierś
بازو
Ramię

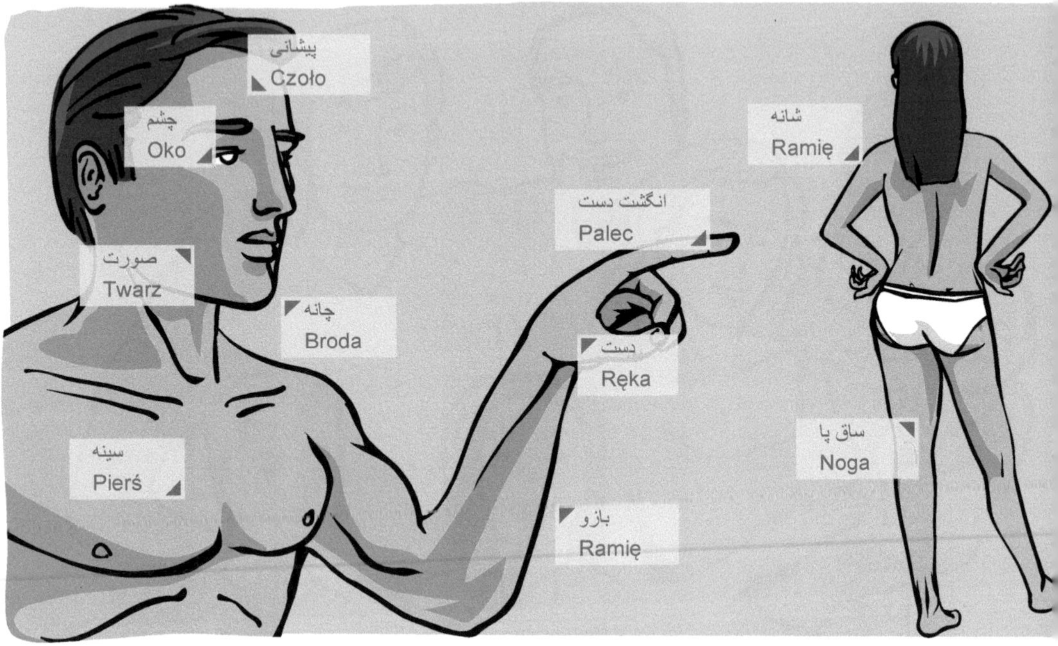

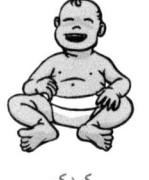

کودک

Niemowlę

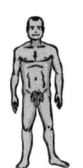

مرد

Mężczyzna

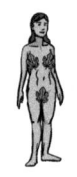

زن

Kobieta

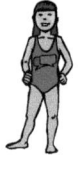

دختربچه

Dziewczyna

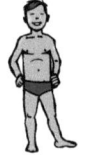

پسربچه

Chłopiec

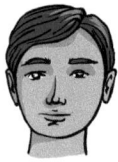

کله

Głowa

كمر

Plecy

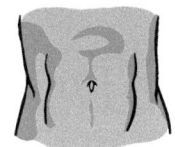

شكم

Brzuch

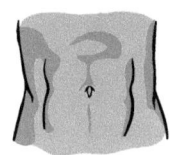

ناف

Pępek

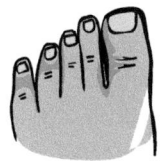

انگشت پا

palec nogi

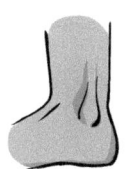

پاشنه

Pięta

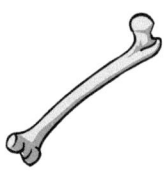

استخوان

Kość

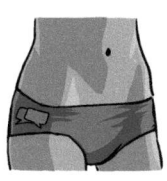

لگن

Biodro

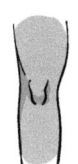

زانو

Kolano

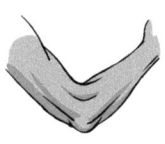

آرنج

Łokieć

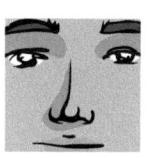

بینی

Nos

نشیمنگاه

Pośladki

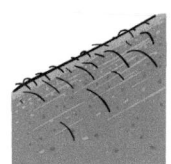

پوست

Skóra

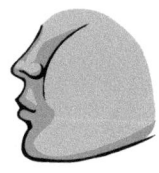

گونه

Policzek

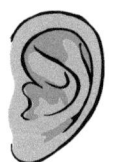

گوش

Uszy

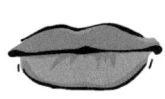

لب

Warga

دهان

Usta

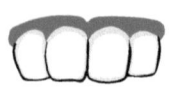

دندان

Ząb

زبان

Język

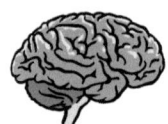

مغز

Mózg

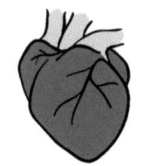

قلب

Serce

عضله

Mięsień

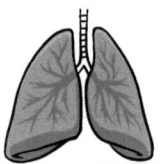

ریه

Płuca

کبد

Wątroba

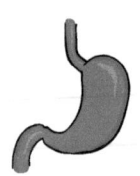

معده

Żołądek

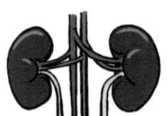

کلیه

Nerki

آمیزش جنسی

Stosunek płciowy

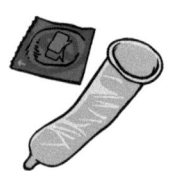

کاندوم

Kondom

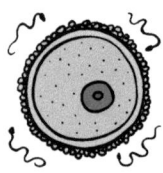

تخمک

Komórka jajowa

اسپرم

Sperma

حاملگی

Ciąża

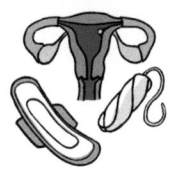

پریود

Menstruacja

واژن

Wagina

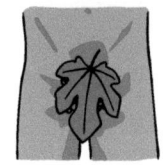

آلت تناسلی مرد

Penis

ابرو

Brew

مو

Włosy

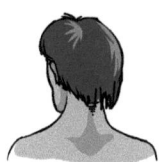

گردن

Szyja

بیمارستان
Szpital

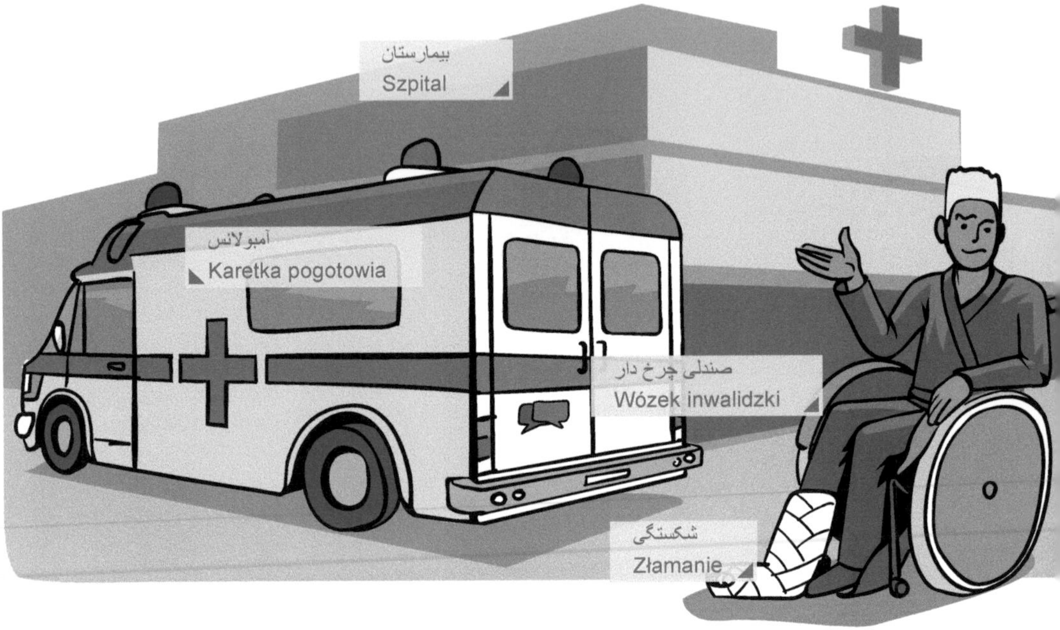

بیمارستان
Szpital
آمبولانس
Karetka pogotowia
صندلی چرخ دار
Wózek inwalidzki
شکستگی
Złamanie

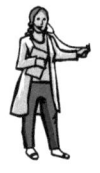

دکتر

Lekarz

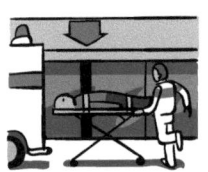

بخش اورژانس

Izba przyjęć

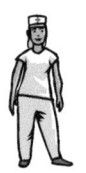

پرستار

Pielęgniarka

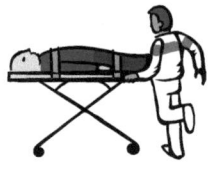

موقعیت اضطراری

Nagły przypadek

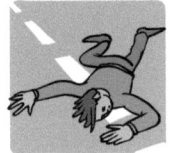

بی هوش

nieprzytomny

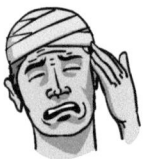

درد

Ból

مصدومیت

Skaleczenie

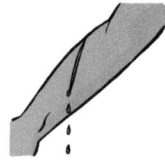

خونریزی

Krwawienie

سکته قلبی

Zawał serca

سکته مغزی

Udar mózgu

آلرژی

Alergia

سرفه

Kaszleć

تب

Gorączka

آنفولانزا

Grypa

اسهال

Biegunka

سردرد

Ból głowy

سرطان

Rak

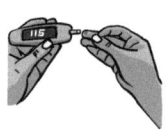

دیابت

Cukrzyca

جراح

Chirurg

چاقوی جراحی

Skalpel

عمل جراحی

Operacja

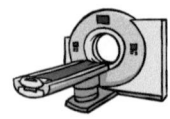

سی تی اسکن

CT

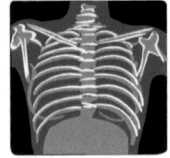

پرتونگاری

Rentgen

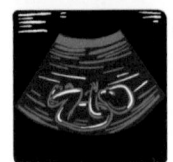

سونوگرافی

Ultradźwięki

ماسک صورت

Maska

بیماری

Choroba

اتاق انتظار

Poczekalnia

چوب زیر بغل

Kula

چسب زخم

Plaster

پانسمان

Opatrunek

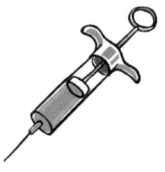

تزریق

Iniekcja

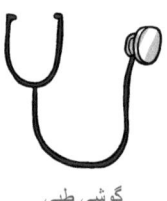

گوشی طبی

Stetoskop

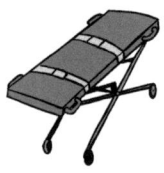

برانکار

Nosze

دماسنج

Termometr

زایش

Poród

اضافه وزن

Nadwaga

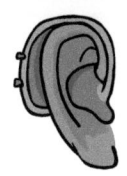

سمعک

Aparat słuchowy

ماده ضد غفونی کننده

Środek dezynfekcyjny

عفونت

Infekcja

ویروس

Wirus

اچ آی وی / ایدز

HIV / AIDS

دارو

Medycyna

واکسیناسیون

Szczepienie

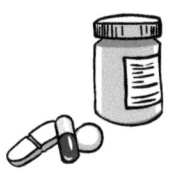

قرص

Tabletki

قرص ضد حاملگی

Pigułka

تماس اظطراری

Telefon ratunkowy

دستگاه اندازه گیری فشارخون

Ciśnieniomierz krwi

مریض / سالم

chory / zdrowy

کمک!

Pomocy!

آژیر خطر

Alarm

حمله

Napad

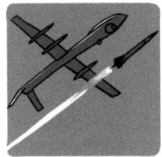

حمله ی فیزیکی

Atak

خطر

Niebezpieczeństwo

خروج اضطراری

Wyjście awaryjne

آتش

Pożar!

کپسول آتش‌نشانی

Gaśnica

تصادف

Wypadek

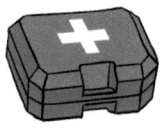

جعبه کمک های اولیه

Walizeczka pierwszej
pomocy

درخواست کمک

SOS

پلیس

Policja

اروپا

Europa

آمریکای شمالی

Ameryka Północna

آمریکای جنوبی

Ameryka Południowa

آفریقا

Afryka

آسیا

Azja

استرالیا

Australia

اقیا نوس اطلس

Atlantyk

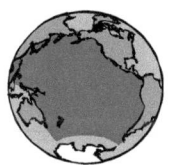

اقیانوس آرام

Pacyfik

اقیانوس هند

Ocean Indyjski

اقیا نوس اطلس جنوبی

Ocean Antarktyczny

اقیانوس منجمد شمالی

Ocean Arktyczny

قطب شمال

Biegun północny

قطب جنوب

Biegun południowy

قاره قطب جنوب

Antarktyda

كره زمين

Ziemia

سرزمين

Kraj

دريا

Morze

جزيره

Wyspa

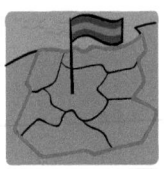

ملت

Naród

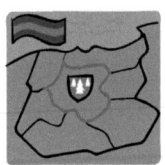

كشور

Państwo

صفحه ی ساعت

Cyferblat

ساعت شمار

Wskazówka godzinowa

دقیقه شمار

Wskazówka minutowa

ثانیه شمار

Wskazówka sekundowa

ساعت چند است؟

Która godzina?

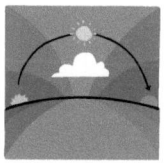

روز

Dzień

زمان

Czas

اکنون

teraz

ساعت دیجیتال

Zegarek digitalny

دقیقه

Minuta

ساعت

Godzina

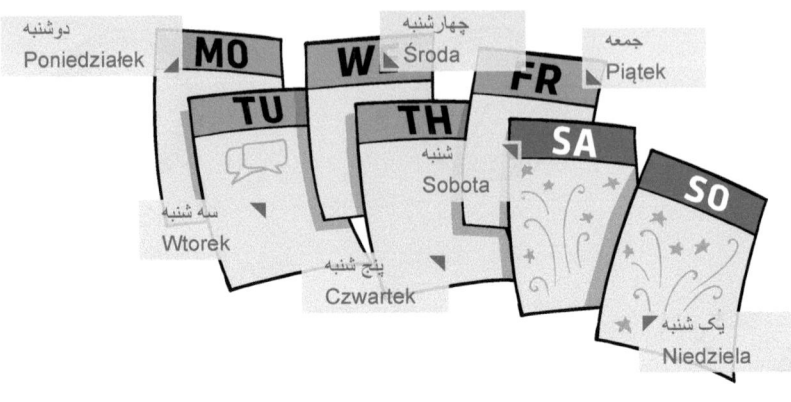

دوشنبه
Poniedziałek

چهارشنبه
Środa

جمعه
Piątek

سه شنبه
Wtorek

شنبه
Sobota

پنج شنبه
Czwartek

یک شنبه
Niedziela

دیروز
wczoraj

امروز
dzisiaj

فردا
jutro

صبح
Rano

ظهر
Południe

غروب
Wieczór

روزهای کاری
Dni robocze

آخر هفته
Weekend

سال

Rok

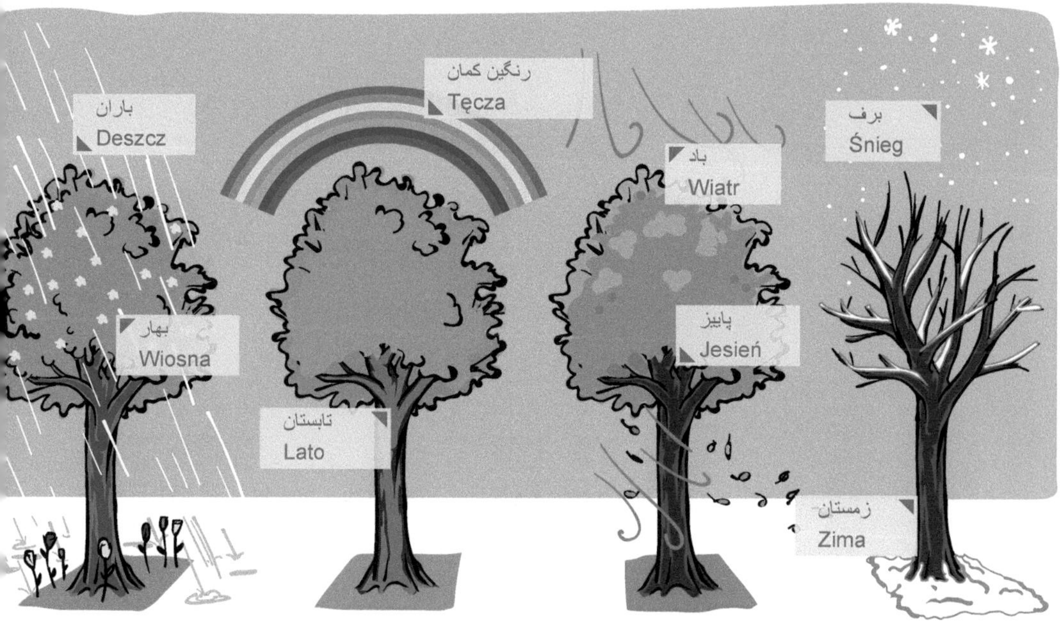

باران
Deszcz
رنگین کمان
Tęcza
برف
Śnieg
باد
Wiatr
بهار
Wiosna
پاییز
Jesień
تابستان
Lato
زمستان
Zima

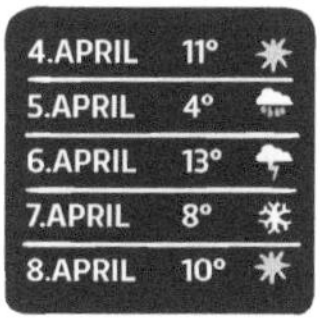

4.APRIL 11°
5.APRIL 4°
6.APRIL 13°
7.APRIL 8°
8.APRIL 10°

پیش‌بینی اوضاع جوی

Prognoza pogody

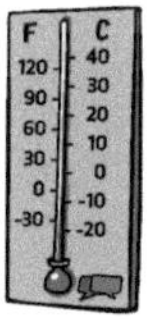

F C
120 90 60 30 0 -30
40 30 20 10 0 -10 -20

دماسنج

Termometr

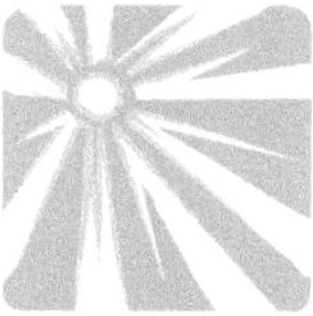

تابش آفتاب

Światło słoneczne

ابر

Chmura

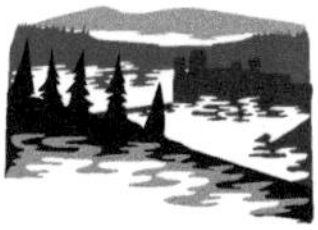

مِه

Mgła

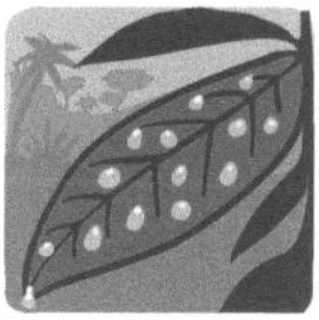

رطوبت هوا

Wilgotność powietrza

صاعقه

Błyskawica

آسمان غره

Grzmot

طوفان

Sztorm

تگرگ

Grad

باد موسمی

Monsun

سیل

Potop

یخ

Lód

ژانویه

Styczeń

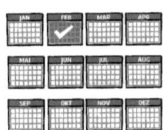

فوریه

Luty

مارس

Marzec

آوریل

Kwiecień

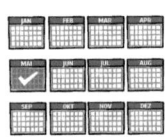

مه

Maj

ژوئن

Czerwiec

ژوئیه

Lipiec

آگوست

Sierpień

سپتامبر
....
Wrzesień

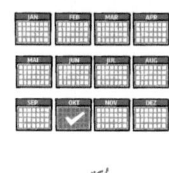

اکتبر
....
Październik

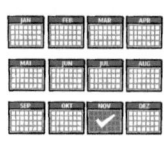

نوامبر
....
Listopad

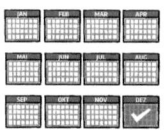

دسامبر
....
Grudzień

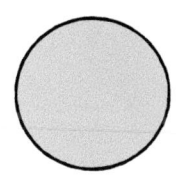

دايره
....
Koło

مربع
....
Kwadrat

مستطيل
....
Prostokąt

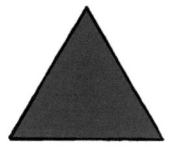

سه گوش
....
Trójkąt

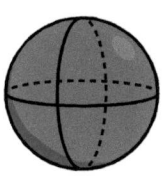

گره
....
Kula

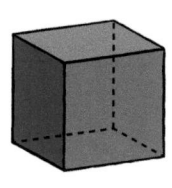

مکعب مربع
....
Sześcian

سفید
....
biały

زرد
....
żółty

نارنجی
....
pomarańczowy

صورتی
....
różowy

قرمز
....
czerwony

بنفش
....
liliowy

آبی
....
niebieski

سبز
....
zielony

قهوه ای
....
brązowy

خاکستری
....
szary

سیاه
....
czarny

خیلی / کم

dużo / mało

خشمگین / آرام

wściekły / spokojny

زیبا / زشت

piękny / brzydki

شروع / پایان

początek / koniec

بزرگ / کوچک

duży / mały

روشن / تیره

jasny / ciemny

برادر / خواهر

brat / siostra

تمیز / آلوده

czysty / brudny

کامل / ناقص

kompletny / niekompletny

روز / شب

dzień / noc

مرده / زنده

umarły / żywy

پهن / باریک

szeroki / wąski

قابل خوردن / غیر قابل خوردن

jadalny / niejadalny

غضبناک / مهربان

zły / uprzejmy

هیجان زده / بی حوصله

podniecony / znudzony

چاق / لاغر

gruby / chudy

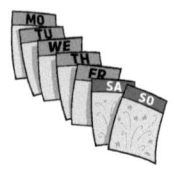

اولین / آخرین

najpierw / na końcu

دوست / دشمن

przyjaciel / wróg

پر / خالی

pełen / pusty

سفت / نرم

twardy / miękki

سنگین / سبک

ciężki / lekki

گرسنگی / تشنگی

głód / pragnienie

مریض / سالم

chory / zdrowy

غیرقانونی / قانونی

nielegalny / legalny

باهوش / خنگ

inteligentny / głupi

چپ / راست

lewo / prawo

نزدیک / دور

bliski / daleki

نو / استفاده شده

nowy / używany

هیچ چیز / چیزی

nic / coś

پیر / جوان

stary / młody

روشن / خاموش

włącz / wyłącz

باز / بسته

otwarty / zamknięty

آهسته / بلند

cichy / głośny

ثروتمند / فقیر

bogaty / biedny

درست / غلط

prawidłowy / błędny

زبر / صاف

chropowaty / gładki

غمگین / خوشحال

smutny / szczęśliwy

کوتاه / بلند

krótki / długi

کند / تند

powolny / szybki

تر / خشک

mokry/suchy

گرم / خنک

ciepły / chłodny

جنگ / صلح

wojna / pokój

Liczby

0	**1**	**2**
صفر	یک	دو
zero	jeden	dwa
3	**4**	**5**
سه	چهار	پنج
trzy	cztery	pięć
6	**7**	**8**
شش	هفت	هشت
sześć	siedem	osiem
9	**10**	**11**
نه	دَه	یازده
dziewięć	dziesięć	jedenaście

12

دوازده
....
dwanaście

13

سیزده
....
trzynaście

14

چهارده
....
czternaście

15

پانزده
....
piętnaście

16

شانزده
....
szesnaście

17

هفده
....
siedemnaście

18

هجده
....
osiemnaście

19

نوزده
....
dziewiętnaście

20

بیست
....
dwadzieścia

100

صد
....
sto

1.000

هزار
....
tysiąc

1.000.000

میلیون
....
milion

انگلیسی

Angielski

انگلیسی آمریکایی

Angielski amerykański

چینی ماندارین

Chiński mandaryński

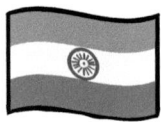

هندی

Hindi

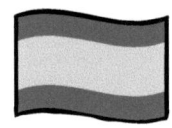

اسپانیایی

Hiszpański

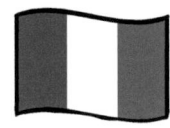

فرانسوی

Francuski

عربی

Arabski

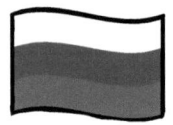

روسی

Rosyjski

پرتغالی

Portugalski

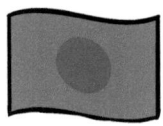

بنگالی

Bengalski

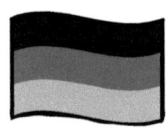

آلمانی

Niemiecki

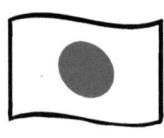

ژاپنی

Japoński

من
....
ja

تو
....
ty

♂ ♀ ○

او
....
on / ona / ono

ما
....
my

شما
....
wy

آنها
....
oni

چه کسی؟ کی؟
....
kto?

چی؟
....
co?

چگونه؟
....
jak?

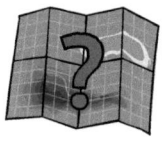

کجا؟
....
gdzie?

کی؟
....
kiedy?

نام
....
Nazwisko

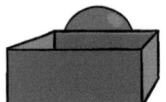

پشت
....
za

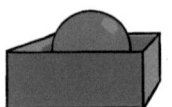

توی
....
w

جلو
....
przed

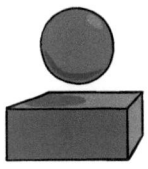

بالای
....
powyżej

روی
....
na

زیر
....
pod

مجاور
....
obok

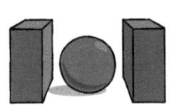

بین
....
między

مکان
....
Miejsce